$Lb.\overset{19}{463.}$

FÊTE

RELIGIEUSE ET ROYALISTE.

FÊTE
RELIGIEUSE ET ROYALISTE,

CÉLÉBRÉE

LE 29 SEPTEMBRE 1826,

PAR LA SOCIÉTÉ

DES

XXIX,

EN L'HONNEUR DU SIXIÈME ANNIVERSAIRE
DE LA NAISSANCE

DE

MGR LE DUC DE BORDEAUX.

> Ac simul heroum laudes et facta parentum
> Jam legere, et quæ sit poteris cognoscere virtus.
> VIRG.

PARIS,
DE L'IMPRIMERIE DE PILLET AINÉ,
RUE DES GRANDS-AUGUSTINS, N° 7.

1826.

XXIX SEPTEMBRE 1826.

FÊTE RELIGIEUSE

ET

ROYALISTE.

Le Soleil, en entrant dans le signe heureux de la Balance, ramène un jour non moins cher à nos espérances que précieux pour nos souvenirs. Déjà, dans le cours fortuné d'une enfance qui perpétue les prodiges de son berceau, se déroulent plus solennellement les destins du Dieu-Donné de la France. On croit encore entendre le bronze guerrier annonçant, dès l'aurore, aux Français attendris la naissance du Prince que saint Louis, dans un songe mystérieux, avait promis à Caroline. Il nous semble que c'était hier, tant fut profonde et vive l'impression de joie et de bonheur que nous causa ce grand événement! Et néanmoins, six printems ont déjà, depuis cette époque, versé leurs riantes corbeilles autour du berceau de Henri; et ce berceau lui-même, refoulé d'un mouvement rapide dans l'ombre du passé, fuit à son tour et se cache de plus en plus dans le pli des années. Encore un peu de tems, et il se sera en quelque sorte éclipsé sous l'aspect, moins gracieux, sans doute, mais plus consolant des fruits de la raison du jeune Prince, cultivée par les mains sages et habiles auxquelles le Roi vient de confier le soin de sa seconde éducation. Ils lui apprendront, ces dignes successeurs des Châtillon et des Bossuet, à faire de la vérité sa passion dominante, et de la religion l'appui de ses vertus ainsi que la source de son bonheur.

Hier encore, ce n'était qu'un nourrisson presque entièrement livré aux jeux du premier âge, aujourd'hui c'est un élève soumis aux règles du devoir. Chez lui l'enfant a disparu pour faire place au prince. Jusqu'ici sa tendre existence se rapportait toute à lui-même; il ne vivait que pour grandir; désormais, il grandit pour apprendre, et sa vie, toujours placée sous la garantie de notre amour, devient la propriété de la France dont il est l'espoir, et de l'Europe qui l'a proclamé son enfant. Dès ce jour, pas une leçon, pas un exemple, qui, dans l'esprit et le cœur de cet élève de la royauté, ne devienne une semence d'avenir pour la France, un gage de bonheur pour les générations que doit régir son sceptre. Dans chacun des instans de sa seconde enfance, tout prend le caractère grave et solennel d'une existence liée aux plus grands intérêts de la patrie. C'est sous les traits délicats et faibles encore d'un enfant qui dépasse à peine son premier lustre, que se cachent et le prince de vingt ans, qui un jour conduira aux combats nos générations guerrières, et le roi de quarante ans, qui, plus ou moins habile, plus ou moins heureux, décidera en quelque manière du sort de trente millions de Français soumis à son pouvoir. Destinée glorieuse sans doute, mais destinée bien effrayante pour le prince sur lequel la Providence en laisse tomber le poids ; destinée qui, aux yeux de la raison la moins sévère, nous montre dans un roi un homme que le ciel n'élève au-dessus des autres hommes que pour qu'il découvre les malheureux de plus loin ; véritable victime de la félicité publique, à qui Dieu donne ses sujets pour famille, le monde entier pour témoin, son dévoûment pour règle et la postérité pour juge.

Lors donc que va commencer pour le duc de Bordeaux le difficile apprentissage du métier de roi ; lorsque, par d'habiles ménagemens, la sagesse de ses maîtres va lui faire essayer par degrés quelques parties de cet effrayant fardeau, dans la juste proportion de ses forces intellectuelles et morales, quel Français digne de ce nom, en se pénétrant de tout ce qu'il y a de grave, d'imposant, de mystérieux, et en quelque sorte de surhumain dans la destinée du nouvel Henri, n'attache le sentiment du devoir aux démonstrations de dévoûment et d'amour que naturellement inspire cette époque ?

Animée de ces sentimens religieux et français, dont elle n'a cessé d'offrir l'exemple, d'alimenter la source, et d'étendre l'influence autour d'elle par la constance de son culte monarchique envers l'enfant royal, la société des XXIX, selon l'usage déjà consacré par elle pendant une première période *henricienne* de six années, s'est rendue en ce jour, 29 septembre 1826, aux pieds des autels, pour attirer de plus en plus les bontés du Dieu de saint Louis sur ce rejeton de son auguste race; sur ce jeune Henri, destiné comme le père des Bourbons à retracer un jour aux yeux de l'univers le plus beau, le plus consolant des spectacles; celui d'un peuple chrétien et belliqueux, gouverné par un monarque grand tout à la fois par sa piété, par sa valeur, par sa raison, par le noble sentiment de sa dignité, par l'absence de toute faiblesse dans ses mœurs comme dans son règne, grand, enfin, trois fois grand, par l'union trop rare dans l'exercice du pouvoir souverain, de l'amour passionné de la justice, qui fait vouloir au monarque tout ce qui est bien, et de l'emploi rigoureux de la force, qui lui permet d'accomplir tout ce qu'il a voulu.

C'est sous l'impression de pareils vœux que la société des XXIX a assisté, dans l'église paroissiale de Saint-Eustache, à une messe solennelle d'actions de grâces en l'honneur du sixième anniversaire de la naissance de S. A. R. Mgr le duc de Bordeaux, et de l'époque intéressante qui voit passer ce jeune prince des mains des femmes dans celles des hommes.

Le service divin a été célébré par M. l'abbé Martignac, ancien défenseur de Lyon, curé actuel du village de Genevilliers, près Paris, l'un des membres fondateurs et aumônier de la société des XXIX. Le clergé de Saint-Eustache, présidé par M. l'abbé Potard, premier vicaire, revêtu de son étole, assisté de M. l'abbé Pitra, autre ancien défenseur de Lyon, et trésorier actuel de la même église, occupait le sanctuaire. MM. les président, vice-président, secrétaire, trésorier et autres dignitaires, étaient placés dans le chœur, du côté de l'épître, avec les autres membres des XXIX. Ceux de la société des *Amis du Berceau*, représentée par MM. Soulié, Destains, Ledoux, et autres gens de lettres non moins distingués par leurs talens que par leur royalisme, occupaient parallèlement les places du côté de l'évangile, avec un grand nombre de fidèles royalistes que leur zèle avait spontanément attirés à cette cérémonie.

En avant des degrés du sanctuaire, entre les deux rangs de siéges, on voyait sur un banc séparé, six jeunes enfans, choisis par la société des XXIX, sur la désignation de M. le curé de Saint-Eustache, dans des familles pauvres et honnêtes, pour représenter par leur âge et par leur nombre l'âge de Mgr le duc de Bordeaux, ainsi que l'époque où ce prince va commencer sa seconde éducation. Derrière ces petits contemporains du fils de Berri, se tenaient debout leurs pères et mères. Ce groupe d'innocence et de famille parlait au cœur. On ne pouvait voir sans être attendri ces bons ouvriers, ces femmes, ces enfans priant ensemble en faveur d'un enfant des Rois, plus à plaindre sans doute qu'eux-mêmes, malgré sa grandeur, en ce jour pour lui si solennel, puisque, après avoir baigné de pleurs de joie le sein de sa mère, le fils de Caroline aura cherché en vain, d'un cœur ému, le père qu'un monstre lui a ravi, et dont jamais, hélas! il n'a reçu les tendres caresses.

Après le service divin, dont les chants, entonnés par le célébrant et le clergé, ont été exécutés par les sociétaires eux-mêmes et les fidèles qui s'étaient joints à eux, la société, ses dignitaires en tête, s'est rendue dans une des salles du presbytère de Saint-Eustache, que l'on avait bien voulu mettre à sa disposition pour sa séance annuelle.

En avant du bureau, où M. l'abbé Potard a été invité à prendre place à la droite de M. le président, et M. l'abbé Pitra à sa gauche, étaient placés les six jeunes enfans, avec leurs pères et mères, dans le même ordre qu'à la messe. M. le président a alors ouvert la séance, en invitant

M. de Lestrade, secrétaire perpétuel de la société, à donner lecture du procès-verbal de la dernière réunion administrative, pour faire mieux connaître l'objet et les motifs de la fête du jour.

Sur cette invitation, M. le secrétaire a lu la pièce suivante :

Séance du 29 août 1826.

« Après avoir entendu les observations de plusieurs de ses membres touchant la fête prochaine de Saint-Michel, jour anniversaire de la naissance de S. A. R. Monseigneur le duc de Bordeaux.

» La société des XXIX;

» Considérant que, si depuis 1820 elle a mis au rang de ses devoirs les plus doux de célébrer, par une fête religieuse et royaliste, le jour qui vit naître, pour le repos et le bonheur de la France, l'enfant miraculeux de l'infortuné duc de Berri, cette obligation acquiert aujourd'hui un caractère plus sacré pour elle, par la circonstance qui marque le passage du jeune Prince des mains des femmes dans celles des hommes;

» Considérant que cette époque, d'où va dater pour notre Henri son noble apprentissage de prince, confirme pour le royaume les espérances que son berceau fit éclore, et vient ajouter le sentiment consolateur d'une sécurité raisonnée aux transports d'enthousiasme dont il a été l'objet;

» Considérant que, s'il est dans le cœur de tous

les bons Français de manifester les senti mens que réveille la particularité de ce sixième anniversaire, ce soin touchant semble surtout appartenir à une société de royalistes, qui formée le jour même de la naissance du Prince, et peu de jours après admise auprès de l'auguste Enfant, se trouve fière d'une part si heureuse dans l'initiative des hommages qui ont entouré son berceau ;

» Considérant, enfin, que ce précieux privilége dont la société des XXIX a tâché de se montrer digne, par sa religieuse exactitude à célébrer depuis six ans les fêtes de la naissance et du baptême du Dieu-Donné de la France, devient un motif de plus d'ajouter en ce jour aux actes de bienfaisance et de piété dont elle a eu soin de marquer ses réunions précédentes ;

» Prend à l'unanimité l'arrêté suivant :

Article Ier.

Le vendredi 29 septembre prochain, jour de Saint-Michel, il sera célébré, aux frais de la société, une messe d'actions de grâces pour le sixième anniversaire de la naissance de S. A. R. Monseigneur le duc de Bordeaux, et pour le passage de ce jeune Prince dans les mains des hommes.

Article II.

A cette messe, à laquelle assisteront, dans l'église

paroissiale de Saint-Eustache, tous les membres de la société, sera invité tel nombre de personnes honorables que le bureau pourra déterminer, sans préjudice de l'annonce publique que M. le secrétaire se charge de faire insérer dans les journaux.

Article III.

Par analogie avec les années du Prince, et en l'honneur de l'époque qui marque son entrée dans sa seconde éducation, il sera fait choix par la société de six enfans du même âge que notre nouvel Henri.

Ces enfans seront pris dans des familles pauvres et honnêtes, sur la désignation du vénérable curé de Saint-Eustache ou de son digne représentant, auquel la société en portera le vœu, par le ministère de l'un des membres du bureau.

Article IV.

Ces six petits enfans, après avoir assisté à la messe de la société, recevront chacun des mains de son président, dans la séance qui aura lieu immédiatement après, une pièce de cinq francs, un livre de morale ou de piété, et une gravure représentant Monseigneur le duc de Bordeaux.

Article V.

Sans contracter, quant à présent, aucun autre engagement envers eux, la société se complaira à les suivre d'un regard particulier de bienveillance, et les désignera chez elle par le titre de *Petits pauvres du duc de Bordeaux*.

Article VI.

La société charge spécialement son secrétaire, M. de Lestrade, de tous les détails relatifs à l'exécution du présent arrêté.

Signé : Le chevalier Delarue, *président;* le chevalier Madinier, *vice-président* ; De Lestrade, *secrétaire* ; l'abbé Martignac, *aumônier*; Dupras, officier de l'Université, *trésorier*; Miège, vérificateur des comptes ; Bugnot, manufacturier, *syndic* ; le chevalier De Malet, *idem;* le colonel Carton de Grammont, *id.* ; Vial, homme de lettres, *id.*; Cabin, libraire, *id.* ; Boissonnad , *id.* ; l'abbé Berthoud , *id.*; le maréchal-de-camp Dervieu de Villas, *id.*; Delhorme, négociant, *id.*

Après la lecture de cet extrait de procès-verbal, M. de Lestrade a exposé en peu de mots la manière honorable et flatteuse avec laquelle il a été accueilli, pour l'objet de sa mission, par M. l'abbé Potard, premier vicaire de Saint-Eustache, cédant en cela à l'impulsion de ses sentimens personnels et de ceux de son respectable curé, M. l'abbé Bossu, que ses infirmités retiennent à la campagne.

« Messieurs, a ajouté M. de Lestrade, c'est
» avec tout l'empressement d'une charité évangé-
» lique et française, que ces dignes prêtres ont
» cherché dans le nombreux troupeau confié à
» leurs soins les six petits élus de la société. Parmi
» un grand nombre d'enfans que leur âge, leur
» sagesse et la bonne réputation de leur famille,
» rendaient propres à cette admission, le choix
» des pasteurs est tombé sur les six qui sont ici
» présens, et dont la physionomie, diversement
» intéressante, semblerait ajouter encore aux
» motifs de préférence dont ils sont l'objet. Vous
» les voyez ici, comme vous les avez vus pendant
» la messe, entourés de leurs bons parens, si
» franchement satisfaits de ce que la société fait
» aujourd'hui pour eux, et qui puisent dans
» cette faveur un nouveau courage pour conti-
» nuer à leur offrir, au sein d'une pauvreté res-
» pectable, les mêmes bons exemples qui les en
» ont rendus dignes. »

M. le secrétaire appelle ensuite chacun de ces enfans, par ordre de naissance, avec les désignations suivantes :

Louis-Cécile Durand, fils d'un journalier, né le 24 septembre 1820.

Hippolyte-Charles Chapelier, fils d'un marchand fruitier, né le 24 septembre 1820.

Jules-Théodore Gagne, fils d'un employé, né le 28 septembre 1820.

Joseph-Henri Rossi, fils d'un domestique, né le 29 septembre 1820.

Joseph-Claude-Marie Robin, fils d'un employé, né le 15 octobre 1820.

Philibert-Édouard Minier, fils d'un tailleur, né le 16 octobre 1820.

Après cet appel nominal, auquel chacun des enfans a répondu, M. le président a prononcé le discours suivant :

« Messieurs,

» Réunis il y a quelques instans au pied des
» saints autels pour remercier Dieu des grâces
» dont il entoure l'enfance de Mgr le duc de Bor-
» deaux, royal patron de la société des XXIX,
» nous venons dans cette assemblée couronner
» ce pieux hommage de notre royalisme par des
» actes d'une bienveillance, trop modeste, sans
» doute, dans ses dons, au gré de nos vœux,
» mais pure dans ses motifs, mais toute française
» dans ses vues.

» Parmi les hautes vertus qui forment l'apa-
» nage de l'illustre race des Bourbons, il en est
» une éminemment admirable : c'est la bienfai-
» sance, c'est l'amour des pauvres.

» Saint Louis avait toujours des pauvres à sa
» suite.

» Henri IV, quelquefois pauvre lui-même, ne
» les oublia jamais au milieu de la pompe du

» Louvre : il les appelait *ses anciens pairs,* tou-
» chante expression qui ne pouvait être inspirée
» que par une ame comme la sienne.

» Louis XIII, ce roi trop peu connu, aimait
» à se nommer lui-même le *premier adjoint* du
» vénérable Vincent de Paul dans ses œuvres de
» charité.

» La majesté de Louis XIV, si imposante pour
» les grands, se plaisait à descendre jusqu'aux
» petits; jamais roi ne voulut faire et ne fit plus
» de bien aux indigens.

» Louis XV en fut constamment le père.

» Son fils, cet illustre dauphin, que le ciel ne
» fit que montrer à la terre, et qui, dans les des-
» seins incompréhensibles de la Providence, de-
» vait plus tard régner sur nous dans la personne
» de ses trois fils, aimait les pauvres avec pas-
» sion. Il voulait que ses enfans se reconnussent
» devant Dieu les simples égaux des pauvres; il
» voulait que les Fils de France, dans leurs pro-
» menades journalières, visitassent de préférence
» la cabane du pâtre, le toit rustique du labou-
» reur, la boutique de l'artisan, le réduit obscur
» de la misère.

» Vous le savez, Messieurs, si la bienfaisance
» se fût perdue sur la terre, on l'aurait retrou-
» vée dans l'ame et les actions de l'infortuné
» Louis XVI.

» Chez Louis XVIII, elle n'avait pas attendu

» d'être assise sur le trône pour répandre ses
» bienfaits : elle en avait fait la consolation de
» son exil.

» Avec quelle abondance et quelle grâce ils
» continuent de couler des mains de Charles X
» dans le sein de l'indigence! Sa liste civile n'est-
» elle pas en quelque sorte la caisse de la pau-
» vreté la plus honorable?

» Quel autre nom donner à la cassette de Leurs
» Altesses Royales, adorables émules de la bonté
» de Charles X?

» Pouvons-nous jamais oublier la part glorieuse
» que prenait dans cette auguste rivalité le mal-
» heureux père de notre jeune Henri, prince
» éternellement regrettable, chez qui les goûts les
» plus ardens semblaient ne donner que plus
» d'essor à son inépuisable générosité : jamais il
» ne refusa à l'infortune l'argent qu'il avait des-
» tiné à ses plaisirs.

» Héritier de la grandeur de tous ces princes
» dont le sang coule dans ses veines, pourrait-il
» ne pas imiter leur bienfaisance, cet enfant
» que, sous les yeux d'une mère héroïque, on
» a accoutumé à ouvrir ses petites mains pour
» verser l'aumône dans celles du pauvre, et
» dont on a dirigé les premiers pas vers l'asile
» du malheur? Nos prévisions à cet égard ne
» sont-elles pas déjà justifiées par la préférence
» que cet aimable fils de Berri donne sur tous les

» titres pompeux dont son rang l'environne, à
» celui de protecteur de l'association de Saint-
» Joseph, association qui offre à la classe ou-
» vrière et laborieuse des ressources aussi utiles
» que généreuses.

» Nous ne pouvions donc, Messieurs, embel-
» lir la fête de ce jour, dont il est l'objet, par
» un hommage plus en harmonie avec les vertus
» des Bourbons et ses inclinations personnelles,
» que la réunion au pied des autels et autour de
» son image, de six enfans dont le nombre et les
» années semblent former la date vivante de son
» passage dans les mains des dignes successeurs des
» Montausier et des Fénélon. Nés dans l'humble
» demeure du pauvre au moment où notre prince
» a vu le jour sous le dais royal, cette simultanéité
» de naissance parlera sans doute pour ces en-
» fans à son jeune cœur. Il se sentira attendri
» pour des petits malheureux dont le ciel sem-
» blera n'avoir rapproché le berceau du sien que
» pour les placer sous un regard plus immédiat
» de sa bienveillance.

» Et vous, mes enfans, vous devez être vive-
» ment touchés de la faveur que vous recevez au-
» jourd'hui; vous la devez au bon témoignage que
» vos maîtres ont rendu de votre application et
» de votre sagesse; vous la devez à la bonne ré-
» putation de vos parens; vous la devez, enfin,
» au zèle paternel de M. le curé de cette paroisse

» et de son respectable premier vicaire, qui, avec
» tout l'empressement d'une charité évangélique,
» ont bien voulu se donner les soins nécessaires
» pour vous chercher parmi vos nombreux cama-
» rades, et fixer sur vous par leur désignation
» le choix de la société des XXIX.

» Elle a du plaisir, mes enfans, à faire aujour-
» d'hui connaissance avec vous, et je me trouve
» heureux de vous offrir en son nom trois ca-
» deaux qui doivent vous être agréables.

» Le premier charmera vos yeux et surtout
» votre cœur : c'est le portrait de Mgr le duc de
» Bordeaux. Un jour ce jeune prince sera votre
» roi ; méritez par votre bonne conduite qu'il
» daigne avant cette époque être votre bienfai-
» teur.

» Le second cadeau est un livre où vous trou-
» verez les plus jolies histoires avec de belles
» images ; sa lecture vous apprendra que le meil-
» leur moyen d'être aimé, et par conséquent
» d'être heureux, c'est, pour un enfant, de bien
» remplir ses devoirs envers Dieu d'abord, en-
» suite envers ses parens et ses maîtres.

» Le troisième cadeau est une petite bourse
» renfermant un faible témoignagne de l'intérêt
» que vous nous inspirez.

» Je ne vous prescris pas, mes enfans, l'usage que
» vous devez en faire : votre cœur, j'en suis sûr,
» vous l'a déjà dit ; mais c'est pour vous donner à

» vous-mêmes le plaisir de manifester vos bons
» sentimens, que je vous demande en ami à qui
» vous destinez votre petite bourse ou du moins
» ce qu'elle contient.

» — A nos mères, ont répondu les petits enfans. »

Ce discours, religieusement écouté et souvent applaudi, a porté l'attendrissement dans tous les cœurs. Chacun des six enfans, appelé par M. le secrétaire, s'est ensuite avancé vers le bureau, conduit par ses parens, pour y recevoir des mains de M. le président la gravure de Monseigneur le duc de Bordeaux, le livre de morale, et la petite bourse.

Ce n'est pas sans un pressentiment favorable au caractère de ces enfans, qu'on les a vus manifester leur vive prédilection pour le portrait du Prince, et recevoir le livre avec autant de plaisir que la bourse, ne montrant pas moins d'empressement à garder l'un, qu'à remettre l'autre dans les mains de leurs parens.

Ces présages naissans d'un bon cœur n'ont pas été stériles pour eux. Sur la proposition de M. Sarran, écrivain politique, qui, sans appartenir à aucune des deux sociétés, s'était fait un agréable devoir de se joindre à elles, une souscription a été sur-le-champ ouverte et remplie, tant par les simples assistans que par les sociétaires. Le produit en a été remis par M. de

Lestrade aux mains de M. l'abbé Potard, pour en disposer selon les inspirations de sa charité au profit des *six petits pauvres du duc de Bordeaux.*

Dans l'entraînement d'une touchante rivalité de bienfaisance et de zèle, un autre homme de lettres non moins recommandable par ses connaissances que par ses bons principes, M. Destains, orientaliste distingué, et rédacteur en chef de la *Gazette de France*, a offert, au nom de la *Société des amis du Berceau*, douze belles médailles, frappées à l'occasion de la naissance du Prince. Elles sont destinées, savoir six à rester aux archives de la société des XXIX, en témoignage, a ajouté M. Destains, de l'aimable hospitalité qu'elle donne en ce jour à celle du Berceau, et les autres, à être distribuées aux six enfans, d'après telles dispositions que les XXIX jugeront convenables.

Aux marques de satisfaction de l'assemblée entière, M. le président s'est empressé d'ajouter les remercîmens particuliers de la société, pour ce trait de fraternité royaliste, également honorable aux deux associations.

Sur les observations de plusieurs membres, la société décide, dans l'intérêt de ses jeunes pupilles, que ces médailles, sur le cordon desquelles M. Destains veut bien se charger de faire graver leur nom, ne leur seront distribuées que successivement dans les réunions périodiques des XXIX, et à titre de prix et de récompense de leur sagesse, de leurs progrès dans l'étude et dans la piété, d'après le témoignage de leurs parens, les certificats de leurs maîtres, et l'approbation de MM. leurs curés.

Après avoir exprimé à celui de Saint-Eustache, dans la personne de son digne premier-vicaire, la reconnaissance de la société du concours de leurs soins dans la célébrations réligieuse de ce sixième anniversaire de la naissance du duc de Bordeaux, M. le président a déclaré la séance levée; invitant les personnes présentes qui voudraient en prolonger les impressions agréables, à se réunir en un banquet modeste, improvisé par le plaisir, en l'honneur du jeune et royal patron de ce jour solennel.

Fidèles à cet appel, la plupart des assistans se sont réunis dans le local de M. Fèvre, place du Châtelet, ou tout a été bientôt disposé pour cette agape française. La gaîté la plus franche, un aimable abandon, la politesse des manières, les agrémens de l'esprit ont concouru à la rendre digne de son objet.

Dans l'intervalle des santés qui ont été portées tour à tour, pour le ROI, par M. le chevalier de Larue, président; pour la FAMILLE ROYALE, par M. le chevalier Lejoyand; pour le DUC DE BORDEAUX, par M. Bugnot, les couplets, les improvisations sont venus ajouter aux charmes du banquet.

Les vives explosions de plaisir et de gaîté qu'ils ont produites parmi les convives ont fait ensuite place à des impressions plus graves, qui se rattachent à l'objet de la fête par des coïncidences historiques de l'intérêt le plus touchant, dont le tableau est ainsi tracé par le vice-président, M. le chevalier Madinier, ancien commandant de Lyon pendant le mémorable siége de cette ville.

« Messieurs, a-t-il dit, à la même heure où
» nous assistions ce matin à la messe d'actions de
» grâces pour remercier Dieu de la naissance
» de Mgr le duc de Bordeaux, les royalistes de
» Lyon en faisaient célébrer une dans l'église ex-
» piatoire des Broteaux, pour le repos de nos
» frères d'armes, morts pour les Bourbons
» en 1793.

» Ils dorment, ces infortunés frères d'armes,
» au nombre de SIX MILLE, dans cette terre hé-
» roïque que notre reconnaissance a rendue sa-
» crée pour nos descendans, en y faisant asseoir,
» sous les voûtes d'un temple funèbre, la reli-
» gion sainte, dont on peut les regarder comme
» les martyrs, puisque nous nous battions pour
» relever ses autels à côté du trône des Bour-
» bons.

» Ce souvenir, Messieurs, pardonnez à l'émo-
» tion d'un vieux soldat, ce souvenir embrase en
» ce moment mon cœur du même feu dont
» nous brûlions tous en défendant, dans la se-

» conde capitale du royaume, la cause des lois
» et de la monarchie; de ce même feu dont nous
» étions animés, précisément à la même heure
» où, vingt-sept ans après, Mgr le duc de Bordeaux
» est venu au monde, lorsque le 29 septem-
» bre 1793, sous les ordres de l'illustre Précy,
» dont vous voyez ici l'image en regard de celle
» du Prince, nous remportions la victoire sur un
» ennemi dix fois plus nombreux que nous, et
» dont la trahison avait laissé pénétrer l'avant-
» garde jusque dans l'enceinte de nos murailles.

» Gloire! donc, mes amis, gloire pure comme
» celle de loyaux Français, gloire éclatante
» comme celle des guerriers, gloire sainte comme
» celle des chrétiens! à nos compagnons d'armes
» tombés en ce jour sous le feu de l'ennemi, ou
» immolés plus tard par le fer des assassins !

» Que la terre des Broteaux leur soit légère ;
» qu'elle laisse pénétrer nos larmes jusqu'à leurs
» cendres, dans cet ossuaire, trop vaste, hélas !
» que surmonte le mausolée élevé par l'armée
» royale lyonnaise à la gloire de son général
» Précy!

» C'est ainsi, Messieurs, que se correspondent,
» dans la destinée commune des royalistes de
» toutes les époques, les chants de triomphe et
» les gémissemens de la douleur, les souvenirs
» d'une gloire que nous sommes fiers d'avoir
» partagée et nos regrets sur la perte de nos

» frères d'armes, qui en ont conquis l'immorta-
» lité aux dépens de leurs jours. Assi se corres-
» pondent la vie et la mort !....

» Trop heureux pour moi, mes amis, en voyant
» sans crainte l'une s'avancer, d'avoir pu expo-
» ser l'autre pour ma ville natale, que j'aime avec
» passion; pour la France, qui aura mes der-
» niers vœux; pour les Bourbons, dont j'adore
» les vertus, et dont je prie la Providence de
» maintenir la race sur le trône de saint Louis,
» pour le bonheur de nos descendans. Ainsi Dieu
» le veuille ! »

Ces vœux, ces regrets, ces rapprochemens historiques, cette voix ferme et par momens altérée par l'émotion du cœur, cette physionomie franche d'un vieux guerrier, sur laquelle les traces de seize lustres presque accomplis faisaient place en ce moment à l'expression d'une ame ardente, rajeunie par ses souvenirs, ont pénétré les cœurs..... On n'a pas applaudi..... on a pleuré.

A ces émotions vives et profondes, ont succédé, par un retour français vers des affections moins mélancoliques, les cris unanimes de VIVE LE ROI ! VIVENT LES BOURBONS ! au bruit desquels s'est terminée cette fête royaliste des XXIX, sanctifiée par la religion, ennoblie par la bienfaisance et couronnée par le plaisir.

PIÈCES DE VERS

CHANTÉES

ET LUES PENDANT LE BANQUET.

COUPLETS

Par M. de LESTRADE, homme de lettres, ancien défenseur de Lyon.

Air du Devin du Village : *C'est un enfant.*

Aux traits de la brillante Aurore,
Brillant d'espoir, baigné de pleurs,
Quel jeune lis s'élève encore
Du sein des plus sombres malheurs?
 Enfant des miracles,
 La voix des oracles
Proclame son auguste nom :
 C'est un Bourbon!   (*Bis.*)

Admis au banquet de la vie
Parmi les plus rians apprêts,
On lui sert, pour toute ambroisie,
La gousse d'ail du Béarnais ;
 Sa bouche de rose
 S'humecte et s'arrose
Du vieux nectar de Jurançon :
 C'est un Bourbon!   (*Bis.*)

Mais a-t-il franchi de l'enfance
Le tems si court, si fortuné !
Qu'il montre, en son adolescence,
Un Diable-à-Quatre en Dieu-Donné !
   Cher à la victoire,
   D'amour et de gloire,
Il fait abondante moisson :
    C'est un Bourbon !   (*Bis.*)

Sous son sceptre, un jour, sans alarmes,
Riche d'amour, léger d'impôt,
Le pauvre enfin sèche ses larmes,
Et chacun met la *poule au pot*.
   Lors on voit en France,
   Paix, gloire, abondance,
Croître et fleurir à l'unisson,
    Sous ce Bourbon !   (*Bis.*)

Régner bien tard, bientôt combattre,
Tel sera son noble destin ;
D'avance, je veux, comme quatre,
Boire à la santé d'Henri-Cinq.
   Bordeaux, vieux Madère,
   Venez dans mon verre
De plaisir noyer ma raison,
    Pour un Bourbon !   (*Bis.*)

STANCES

Envoyées par un Membre agrégé des XXIX.

Par le ciel proclamé d'avance,
Henri règne avant d'être né,
De bouche en bouche vole en France
L'auguste nom de Dieu-Donné.
De sa force brillant présage,
A son nom seul pâlissent les brigands.
Tel on vit dans son premier âge,
Hercule étouffer les serpens.

Jusqu'alors des hommes infâmes
Ourdissaient d'horribles complots;
De nos cités, grâce à leurs trames,
Fuyaient le bonheur, le repos.
Henri naît!... La France respire;
Des jours sereins nous sont enfin rendus.
Qu'a-t-il donc fallu pour produire
Tant de biens?... Un enfant de plus.

Le ciel qui fit de sa naissance
Le prodige de son amour,
Veut désormais que, pour la France,
Henri devienne homme à son tour.
Dans l'art de plaire et de combattre
Comme il grandit!... N'en soyons pas surpris,
Pour maître, il a pris Henri-Quatre,
Et pour modèle, Charles-Dix.

L'HOROSCOPE

DE Monseigneur le duc de Bordeaux;

Par M. Vial, homme de lettres, ancien Canonnier de l'armée Lyonnaise.

Air *du Pas redoublé.*

Amis, célébrons d'un beau jour
   L'heureux anniversaire;
Armons-nous chacun, tour à tour,
   De la lyre et du verre.
Notre Henri quittant désormais
   Les hochets du jeune âge,
Commence de *Prince français*
   Le noble apprentissage.

Il ne compte que six printems,
   Et déjà son enfance
Nous offre d'assurés garans
   Du bonheur de la France.
De ce prince à jamais chéri
   Le destin se devine:
Il sera *grand* comme Berri,
   Bon comme Caroline.

Plus tard, saisissant un laurier,
   De son cœur il l'approche,

Et brûle d'être chevalier
　　Sans peur et sans reproche.
Il court de succès en succès.....
　　Bientôt chacun l'appelle
Perle des chevaliers français.
　　Charle était son modèle !

Mais quel aspect frappe ses yeux ?
　　C'est l'affreuse misère !...
« Tenez, tenez.... soyez heureux. »
　　Il pensait à sa mère.
On l'offense.... on brave son nom....
　　Il dompte sa colère,
Prononce un généreux pardon.....
　　Il songeait à son père !

Voici venir ses vingt-un ans ;
　　Il rêve qu'Henri-Quatre
Dit : « Ventre saint gris ! il est tems
　　» De plaire et de combattre. »
La gloire et l'amour à l'instant
　　L'enivrent de leurs charmes ;
Il se réveille en s'écriant :
　　« Une belle et des armes ! »

Se modelant sur son patron,
　　Héritier de son ame,
Il grave sur son écusson :
　　« Dieu, l'honneur et ma dame. »
Et possédant ces qualités :
　　Plaire, aimer, boire et battre,
Il rend aux Français enchantés
　　Leur ancien *Diable à Quatre.*

Mes amis, je tiens pour certain
   Ce que je viens de dire ;
Comme moi, sans être devin,
   On peut bien le prédire.
Informez-vous si j'ai raison,
   Soudain toute l'Europe
Va s'écrier : « C'est d'un Bourbon
   » Bien tiré l'horoscope. »

FIN.

www.ingramcontent.com/pod-product-compliance
Lightning Source LLC
Chambersburg PA
CBHW060612050426
42451CB00012B/2218